स्वामंथन

आत्मा का मंथन

नेत्रानी

BookLeaf Publishing
India | USA | UK

Made with ❤ on the BookLeaf Publishing Platform
www.bookleafpub.in
www.bookleafpub.com

Dedication

स्वामन्थन उन स्त्रियों को समर्पित,
जिनकी आंतरिक साधना और शक्ति अनकही रह जाती है।

Preface

स्वामन्थन स्त्री के भीतर घटित होने वाली उस मौन प्रक्रिया का नाम है जहाँ पीड़ा, प्रश्न और करुणा एक साथ साधना बन जाते हैं। यह कविता-संग्रह स्त्री को देह नहीं, चेतना के रूप में देखता है। ये कविताएँ आत्मा के उसी मन्थन की अभिव्यक्ति हैं जहाँ विष भी स्वीकार है और वहीं से अमृत का जन्म होता है। यदि पाठक इन पंक्तियों में अपने भीतर की स्त्री-चेतना से एक क्षण के लिए भी संवाद कर पाए तो यही इस संग्रह की सार्थकता है।

Acknowledgements

यह काव्य-संग्रह मेरे जीवन के अनुभवों, संवेदनाओं, प्रश्नों और आत्मचिंतन की यात्रा का परिणाम है। इन कविताओं में व्यक्त भाव कभी मेरे अपने रहे, तो कभी समाज, स्त्री-जीवन, और चेतना के व्यापक धरातल से उपजे।

मैं उन सभी प्रत्यक्ष और अप्रत्यक्ष प्रेरणाओं के प्रति हृदय से कृतज्ञ हूँ, जिन्होंने मेरे विचारों को शब्दों का रूप लेने का साहस दिया। अपने परिवार का विशेष आभार, जिनके विश्वास और मौन समर्थन ने मेरी रचनात्मक यात्रा को बल दिया।

साथ ही, उन सभी पाठकों के प्रति धन्यवाद, जो इन कविताओं में अपने भाव, अपने प्रश्न और अपनी अनुभूति की प्रतिध्वनि पाएँगे। यदि यह संग्रह किसी एक मन को भी भीतर तक स्पर्श कर सका, तो मैं अपने लेखन को सार्थक मानूँगी।

1. जीवन

माटी का तन, स्वप्नों का मन,
जीवन एक अधूरा गीत ,
जैसा सुर तुम इसमें भर दो,
वैसा ही उसका संगीत ।

जिसने दी थोड़ी-सी जगह,
वहीं तुम्हारा घर बन जाता,
स्नेह जहाँ की मिट्टी बन जाए,
वहीं भाग्य का बीज उग जाता।

सोना जब तक अग्नि न देखे,
कैसे कुंदन कहलाएगा?
धधकती ज्वाला की बाहों में
उसका रूप निखर आएगा।

तुम भी अपने दुख की धूप में
कुछ पल ठहरो, कुछ पल जलो,
आँधी में दीपक बनकर के
अडिग रहो, मत तनिक डुलो।

संघर्षों की कठोर शिला पर
भाग्य स्वयं तराशा जाता है,
जो आज तुम्हें ठुकराता है
कल वही शीश झुकाता है।

धैर्य धरो – यह रात अंधेरी
भोर का आंचल लाएगी,
तपकर निकली हर चिंगारी
सूरज बन मुस्काएगी।

आज की पीड़ा, कल की कीर्ति,
यही जग का सच्चा क्रम है,
अग्नि-पथ से जो गुज़र गया
वही जीवन में श्रेष्ठतम है।

2. समझ

गहराई में एक दिन
दुनिया के बारे में सोचों,
दुनिया में है क्या क्या ?
कल के लिए न छोड़ो ।

क्या चहल पहल
क्या हंसते हुए दिन,
पैदा होते ही बच्चे
देखने लगते सपने,
मैं ऐसा बन जाऊं
वैसा हो जाए भी पास मेरे।

यही सोचते सोचते
निकल जाएंगे दिन तेरे,
न तो कुछ कर पाएगा
न दे जाएगा दुनिया को कुछ ,
दूसरों के सुख को
बना लिया दुख अपना ।

माना कि सोच शक्ति
दी सृष्टि ने तुमको ,
फिर उसका
सही उपयोग कर डालो।

दुनिया के सारे दिन
होते एक जैसे ही
उपयोग करो इनको कुछ
बेहतर ढंग से ही।

सारे लोग, सारे रिश्ते
सब होते हैं मिथ्या,
चहल-पहल और मोह-माया
सब है दिव्य सपना।

3. स्त्री

सृजन सहन और संकल्प की पहचान हूँ
स्त्री मैं ,पूरे संसार की शान हूँ।

संवेदनाओं से सजा मेरा हर सपना
मुस्कान से छुपा लेती हूँ दर्द अपना।

खड़ी हूँ अपने हौंसलों से
किसी सहारे की मोहताज नहीं I

स्त्री हूँ आत्मनिर्भर हूँ
स्वाभिमान से बढ़कर कोई ताज नहीं।

स्त्री हो, इस पर अभिमान करो,
न झुको कभी तूफ़ानों से।

अपने साहस की ज्योति जलाए रखो,
मत डरो जीवन के अँधियारों से।

स्त्री हो तुम, शक्ति का मान,
कमजोरी से तुम अनजान।

हौसलों की उड़ान भरो,
छू लो पूरा आसमान।

4. संवेदन शील

अपने ज़ख्मों पर मरहम रखते
अपनी पीड़ा पर आंसू बहाते।

अपना सुख अपना दुख
हम बिन कहे ही समझ जाते।

इंसान हो या कोई जीव
सबकी पीड़ा एक सी गहरी है।

फिर क्यों ?
करुणा की सीमा
केवल अपने तक ठहरी है।

चारों ओर जीवन है
हर सांस की अपनी कहानी है I

सभी के लिए संवेदनशील होना
इंसान होने निशानी है।

5. हम शक्ति है ।

हम अबला नहीं हम शक्ति हैं ,
जीवन की गहरी शक्ति है।

प्रकृति की कोख से जन्मी,
सृजन की अमर युक्ति है।

हमसे ही जन्मे है सब,
हमसे ही चलता संसार।

फिर कैसे कोई कह सकता
की हम है निर्बल या लाचार।

न निर्बल है न मौन खड़े,
न सहने को जन्म रूप।

हम चेतना हम साहस है,
हम बदलाव की प्रखर धूप।

अपने मन से डर हटाओ ,
कमजोरी का भ्रम मिटाओ।

हर जीवन का सम्मान करो,
मानवता की पहचान करो।

जब हाथ में हाथ हम ले चले,
तब भेद सभी मिट जाएं।

सहयोग प्रेम और सम्मान से,
यह धरती स्वर्ग बन जाए।

6. थोड़ा सा मैं।

मैने कभी बहुत कुछ नहीं मांगा,
बस थोड़ा सा मैं ,
अपने पास रखना चाहा।

पर हर रिश्ते ने कहा
पहले हमें निभा लो
तुम बाद में आ जाना।

मैं बाद में आती रही
थोड़ा सा आगे,
फ़िर पीछे जाती रही ।

इतना की स्वयं को ,
पहचानना हो गया मुश्किल
फिर भी लोगों ने,
न किया कुछ भी हल।

अब जो बचा वो शिकायतें नहीं
बस एक सवाल है,
क्या स्त्री को जीने के लिए ?
इतना अकेला होना है जरूरी।

मैंने जो थोड़ा सा मैं बचाया
उसी से खुद को सजाया I

अब मैं जवाब नहीं ढूंढ़ती
बस खुद को ही सुनती हूँI

समझ देर से आए तो ,
माफी खो देती है अर्थ
स्त्री की सांसे भी,
है एक जीवन का सच।

7. विवेकहीन शक्ति

धरती आज चुप नहीं
धीमे धीमे से बोल रही।

परमाणु बम की परछाई में
मानवता कैसे सो रही।

बैठे है ऐसे युग में हम
जहां शक्ति उंगलियों में नाच रही।

एक विवेकहीन उंगली से दबाव
सदियों की सभ्यता विलुप्त हुई।

हथियारों के अंबार लगे
मानव जीवन के दांव लगे।

जीतने की चाह में हम
भविष्य अपना खोने लगे।

अपने भीतर का प्रकाश जगाओ
अहंकार की राख हटाओ।

जब मनुष्यता जीवित होगी
तभी ये धरती बची रहेगी।

जागो मानव अब भी समय है
युद्ध नहीं समाधान चुनो ।

अपने दिमाग और अपने मन से
यों इतने न संघर्ष बुनो।

8. इतना काफी ।

मेरे कमरे में एक खिड़की थी,
छोटी सी, पर मेरी थी।

धीरे-धीरे उस पर पर्दे चढ़े—
संस्कार, मर्यादा, लोग क्या कहेंगे।

अनुमति लेकर हवा अंदर आती रही,
छन-छन कर रोशनी भीतर जाती रही।

मुझसे कहा, 'इतना काफी।'
मान लिया मैंने,
क्योंकि मानना है आदत अच्छी I

उन्होंने कहा, 'हवा से बचाकर रख'
यह दिया तुम्हारे नाम का है।

मैंने हथेलियाँ जोड़ी,
हवा रोकी,
खुद को सिकोड़ा ,
कि लौ बुझ न जाए कहीं।

लौ काँपी, धुआँ उठा।
पहली बार मैंने यह सीखा—
जलना और जीना एक जैसा ही।

पर्दे हटाए, खिड़की खोली,
लौ ऊँची और तेज़ हुई।

अब दिया बुझे भी तो
कोई नहीं है डर,
पहचान लिया अंधेरे को
जब रोशनी जाग गई भीतर।

9. मैने सीखा है

मैंने सीखा है कि,
हर बार झुकना
समझदारी नहीं होती।

और हर चुप्पी
संस्कार नहीं होती।

कभी कहा गया—
'रुक जाओ।'

कभी कहा गया—
'समझौता कर लो

हर बार कारण बदला,
पर कीमत मैंने ही चुकाई।

रुकना अब मेरी राह नहीं,
झुकना मेरी पहचान नहीं।

मैं अपनी ही ताकत हूँ,
मैं अपनी ही ज़रूरत हूँ।

रास्ते अपने बनाती हूँ,
सपने नए सजाती हूँ।

खड़ी हूँ अब मैं अपने साथ,
किसी सहारे की नहीं तलाश।

10. आत्मसाक्षात्कार

मैंने सीखा है चुपचाप
खुद को रोज़ गढ़ना।

टूटे सपनों की राख से
नया जीवन रचना।

कदम मेरे अब हल्के हैं,
मन में कोई बोझ नहीं।

जो मेरा था, वो मेरा रहा,
जो नहीं था, उसकी खोज नहीं।

मेरी प्रार्थना कोई माँग नहीं,
वो कृतज्ञता का स्वर है।

मिला, छिना या जो बचा—
सब ईश्वर का असर है।

अब न कोई शिकायत है,
न ही कोई सवाल बाकी।

जो मुझे समझे नहीं,
उनसे दूरी के लिए हूँ राज़ी।

रिश्ते अब मेरी शर्तों पर–
सम्मान जहाँ, वहीं साथ है।

मैं किसी से कम नहीं,
यही मेरा आत्मसाक्षात्कार है।

11. संभावना वसंत की।

जब आत्मा की पुकार सुनी,
तो मिला विराम उन रिश्तों से I

जिन रिश्तों की खातिर,
जीवन मेरा भी ठहरा था।

कुछ कड़वाहट से घिरी हुई,
कुछ मिठास भी साथ खड़ी।

शब्द मुझसे रूठ गए,
कुछ सपने भी टूट गए।

याद है अब भी मुझको
पतझड़ का वो मौसम।

पत्तों ने थे रंग बदले,
रिश्तों ने अपने ढंग बदले।

मेरे भीतर जो आग जली,
वो अंगारे बदले के नहीं।

वो आत्मसम्मान की लौ थी,
जो किसी से डरी नहीं।

मैं हूँ एक स्त्री,
रचयिता जीवन की।

पतझड़ से नहीं डरने वाली,
संभावना हूँ मैं वसंत की।

12. बोध

मांगने की इच्छा हुई जरूर,
जब हाथ उठे ईश्वर की ओर।

चेतना आ गई, आड़े लिया पूछ–
क्या सच में अभाव है कुछ?

आंखे मूंदत्ते ही समय गया ठहर
सारा संसार निकल गया बाहर।

इच्छाएं जैसे ही मौन हुई
गजब शांति की अनुभूति हुई ।

अर्थहीन सब हुआ व्यर्थ
समझा जब जीवन का अर्थ।

अब न उत्तर कीअकांछा
न ही रहा कोई प्रश्न शेष।

बोध ने लिया जन्म
और जीवन हुआ विशेष।

13. चक्र

जन्म कोई संयोग नहीं,
यह किसी लिखे विधान की बात है।

जीवन केवल देह भर नहीं,
आत्मा का अनोखा साथ है।

किस घर में जन्म मिला,
यह कर्मों की गहरी छाप है।

सुख-दुख का जो बँटवारा है,
वह पूर्व कथा का माप है।

जन्म से मृत्यु तक,
यादों में अंकित है जीवन I

पर मृत्यु से जन्म तक
अनसुलझा है वह क्षण।

क्या जीवन बस इतना ही—
जन्म, संघर्ष और मृत्यु ?

यदि मृत्यु सब छीन लेती,
तो अनुभवों का क्या अर्थ ?

यह सृष्टि निश्चय ही
इतनी निरुद्देश्य नहीं हो सकती I

यह व्यर्थ में कभी भी
कुछ भी नहीं रचती।

जीवन मिला जानने को,
न मिट जाने की बात है।

जिसने समझ लिया यह रहस्य,
वह मोक्ष का हकदार है।

14. स्वीकार

मुझे सिद्ध नहीं करना,
मैं सही हूँ या गलत।

सच तो बस इतना सा ,
स्वयं को मैंने नहीं बदला।

जीवन को वैसा ही अपनाया,
जैसा वह मेरे पास आया।

न कुछ चाहा,
न कुछ माँगा,
जैसा भी था,
पूरे मन से निभाया।

समय से मैंने ये जाना कि,
हर उत्तर तुरंत नहीं मिलता।

कुछ प्रश्न उम्र मांगते हैं,
कुछ का उत्तर
शब्दों में नहीं ढलता।

मैंने हार को हार नहीं माना
वो तो विराम था सीखने का।

हर गिरना एक अभ्यास था,
फिर से उठ खड़े होने का।

अब मैं भीड़ में नहीं रहती,
न अकेलेपन से भागती हूँ।

जहाँ खुद के साथ बैठ सकूँ,
वहीं मैं शांति पाती हूँ।

15. साक्षी

जब चाह की अंतिम रेखा ,
भीतर से मिट जाए
तब साधक के मौन में ही,
सारा ब्रह्म समाए।

सुविधा का मोह जब छूटे
तब बंधन टूटे जाए।
फिर न कोई देने वाला
न लेने वाला कहलाए।

रिश्ते तब छाया जैसे हो
न बांधे न छुड़ाए।
वे आते है, वे जाते है
साक्षी बस रह जाए।

प्रेम न मांगे न कुछ रोके
न ही पकड़ बनाए।
वो श्वास की तरह सहज है
जीवन में ज्योति जगाए I

सुविधा, साधन, सुख संग्रह
सब स्वपन बन जाए।
जाग्रत जिसने देख लिया
वो भ्रम न फिर अपनाए।

जो समझ गया ये मौन सूत्र
वो कुछ भी न चाहे।
जो मिला वो भी नही मेरा
जब बोध उतर यह आए।

16. बंधन

जो हर इच्छा पूरी कर दे,
वो धीरे-धीरे हमें बाँधता है।

सुख-सुविधा की तलाश में
स्वतंत्रता का अर्थ खो जाता है।

योग्यता से बड़ी इच्छा
चरित्र को गिरवी रख देती ।

सुविधाओं के इस सौदे में
अक्सर आत्मा की हार हुई I

सुविधा मालिक बन चुकी ,
यदि सच बोलना जोखिम लगे।

पहचान ले खुद को मूर्ख –
क्यों तू इतने सस्ते में बिके ?

रिश्ते यदि सुविधा की
तलाश में गढ़े हैं,
तो हम प्रेम में नहीं,
सिर्फ लाभ के पल गिने हैं।

प्रेम में जो भी मिले,

वो योग्य है, कोई कर्ज नहीं।

अपना लो और साथ चलो,
किसी के कंधे पर टिका बोझ नहीं I

17. ।।सपना था।।

अपने मूल्यों की धूप से
अपने बच्चों को पाले ।

जैसा भी चाहे
वैसा ही उन्हें ढाले।

एक सोंच ने मेरा जीवन बदल दिया
हमे संघर्ष की राह पे धकेल दिया।

थके हारे चिंतित जरूर हुए
अंदर से हम बहुत मजबूत हुए।

कमजोरी ने हिम्मत का रूप लिया
डर ने निर्णय करना सीख लिया।

बच्चों का पकड़ा हाथ ,
चल दिए छितिज के पार I

न किसी का साथ,
न कुछ उधार।

एक नए सवेरे की आशा
बच्चो को था मुझपर भरोसा।

उस एक भरोसे ने
जिंदगी को रफ्तार दी
आने वाली हर अनजान
चुनौती स्वीकार की।

संसार छोड़ा पीछे और आगे बढ़ी
बच्चो के साथ लंबी उड़ान भरी।

आज पहली बार
खुली हवा में सांस ली
जिस्म के टुकड़ों ने
मुझे नई पहचान दी।

संघर्ष से जीवन और भी निखरा
अब न किसी का दवाब
और न ही कोई पहरा।

अपनी जमीन -अपना आसमान
पाना जिसको नहीं था आसान।

चाहा जो भी जीवन से ,वो सब पाया
बस समझ थोड़ी देर में आया।

18. ।।अनकही पीढ़ा।।

कैसे करूँ इज़हार प्रेम का,
लफ़्ज़ नहीं मिलते मुझको।

जैसे-जैसे क़रीब आए,
वो दूर हो गई मुझसे।

इज़हार-प्रेम करने को मैंने
शुभ समय था ढूँढ़ा।

उसी समय भैया आकर
"अम्मा, अम्मा" बोला।

माँ-बेटे का प्रेम देखकर
दिल में लहर-सी दौड़ी।

सोचा, काश मैं लड़का होती,
तो क्या माँ यूँ
निहारती मुझको भी ?

क्या ऐसे ही बाहों में भरकर
अपना सारा प्यार देती मुझको भी ?

मैं भी तो माँ की संतान हूँ,
फिर ये दूरी क्यों लिख दी?

एक पुकार ने सब पा लिया,
मेरी ख़ामोशी ही, क्यों अधूरी रही ?

मैंने माँगा नहीं,
फिर भी दिल भर आया।

उस प्रेम को देखकर,
जो मेरे हिस्से न आया।

19. ।। तैयारी।।

ठहरने को मिला एक आवास,
थोड़ा थका, थोड़ा उदास।

उसे सजाने की चाह में
मिट्टी से की बातचीत खास।

मिट्टी जो भीतर सजीव हुई,
बीजों ने ली पहचान।

मेहनत के जल से सींची,
खिले कर्मों के अरमान।

फूल खिले तो तितलियाँ आएँ,
बिन बुलाए रंग बिखेर।

मीठा मिले तो चींटियाँ आएँ,
नियति खींचे अपनी ओर।

दाने देख परिंदे उतरे
नीले अंबर से चुपचाप।

न भाषा, न कोई परिचय,
देते गहरे नाते की छाप।

ईश्वर भी ऐसे ही आते हैं–
खोज नहीं, तैयारी से।

मन जब निर्मल हो जाता है,
मिलते हैं वे ज़िम्मेदारी से।

भीतर की धरती जोत चलो,
मानवता के बीज लगाओ।

अच्छे कर्मों का जल देकर
अदृश्य को दृश्य बनाओ।

जीवन महके, कर्म फल दें,
संसार में सुख और प्रकाश बढ़े।

जो भीतर निर्मल और तैयार हैं,
उनसे ईश्वर स्वयं मिले।

20. ।।जीवन संत हुआ।।

भागते-भागते उम्र गई,
मंज़िल फिर भी दूर ही रही।

गाड़ी, बंगला, नाम बड़ा—
फिर भी मन क्यों डरा-डरा?

सब पाकर भी खाली हाथ,
यही तो है जीवन की बात।

एक स्वर आया मौन के पार—
"रुक जा, अब खुद को न मार।"

सुना बहुत पर , माना नहीं,
खुद से मिलने का ठाना नहीं।

रिश्ते बनाए, कमाया धन,
थक गया बेचारा अंतर्मन।

जब तक भीतर की राह न लेंगे,
हर जीवन को यूँ ही छलेंगे।

अंतर्मन में झाँका जिसने,
सिर्फ वही है आनंद में।

आनंद न वस्तु , न संग्रह है
वो तो चाह से विग्रह है।

दौड़ में बीता जीवन सारा,
ठहर न पाया मन बेचारा।

जिस दिन चाह का अंत हुआ,
उस दिन जीवन संत हुआ I

21. ।।विस्मृति।।

विस्मृति अंधकार नहीं,
यह अंतर्मन का दीप जले I

जहाँ स्मृतियों की राख तले
अहंकार का बीज पिघले।

जो याद रहा, वह मोह बना,
जो भूल गया, वह मुक्त हुआ।

विस्मृति के मौन स्पर्श से
मन का भार विरक्त हुआ।

मैं न कुछ खोती , न पाती हूँ,
विस्मृति जब मुझको छू लेती है।

जीवन की हर उलझी रेखा
स्वयं सुलझकर सो लेती है।

यह कोई पथ नहीं पलायन का,
यह चेतना की चढ़ाई है I

जहाँ गिरना भी साधना है
और भूलना भी भलाई है।

विस्मृति में जो ठहर गया,
वही सत्य को जान सका।

शेष सब नाम हैं स्मृति के,
जो चेतना से दूर रहा।

दीप जला है विस्मृति का,
मन-मंदिर में शांत प्रकाश।

अब न भय है, न कोई अपेक्षा—
केवल होना, पूर्ण प्रकाश।